Abel Hernández-Muñoz

Mi Visita al Zoo

Abel Hernández-Muñoz

Mi Visita al Zoo

Poemas sobre Animales que se Pueden Encontrar en el Zoológico

JustFiction Edition

Cover image: www.ingimage.com

Publisher:
JustFiction! Edition
is a trademark of
Dodo Books Indian Ocean Ltd. and OmniScriptum S.R.L publishing group

120 High Road, East Finchley, London, N2 9ED, United Kingdom
Str. Armeneasca 28/1, office 1, Chisinau MD-2012, Republic of Moldova, Europe
Printed at: see last page
ISBN: 978-620-3-57905-5

MI VISITA AL ZOO

Abel Hernández Muñoz

Sancti Spíritus

REJA DE ENTRADA

Cruzo otra vez tu asombro,
paso otra vez tu puerta
y mis pasos coinciden
sobre unos antiguos pasitos de mandril.
Mis zapatos blancos de pasear
se han vuelto de ceniza
y por un caminito que hace mucho no pisan
vuelven a la sonrisa, al globo y al león.
Allí quedó la infancia,
allí quedaron mis pantalones cortos de atormentarme la piel,
y una risa que nunca cumplió más de ocho años
le hace cosquillas de mosquito en vuelo
al redondo elefante trotador:
trompa de regadera, grandes patas de flor.

BOSQUES

Todo árbol que crece
mece la historia,
milenios de equilibrio,
sabia memoria.

Cada árbol que extiende
su sombra nueva
toca el aire con hojas
de ala que espera.

Cada tronco rezuma
luz de madera,
en sus ramas anida
la primavera.

Tiene diálogo el agua
con las raíces,
que se saben con ella
siempre felices.

Y es el viento suspiro
de lunas rojas,
devenir de bandadas,
pueblo de hojas.

Y es la tierra un latido
que se sostiene
con semillas de bosque
que van y vienen.

Es el bosque mi casa,
mi hermano altivo,
por su amor tengo el aire
con el que vivo.

Siempre bosques y bosques
recién nacidos
quiero para este mundo
lleno de olvidos.

MUSGO

Si no fuera el musgo
más que rencor de la sombra
y olvido del agua…

Si brotara más allá de las anclas,
de la forma de las tumbas
y del cauce de la niebla.

Si naciera el musgo del golpe de la piedra
o tal vez del parto de la llama
o siquiera del paso del relámpago…

LARVA

Bestia feroz con ideas de dinosaurio
rastrero absurdo: vives en una barraca,
eres tu peor enemigo.
Tu misión; es arrastrarte
por ese paisaje lunar,
como un tren descarrilado
bajo el torrente del día.
En marzo las biajacas cenan
los despojos de tus dudas y esperanzas:
casa de avispa, huérfana y abandonada
        prematuramente.
Das gritos de guerra

en ese bregar con tu casa a cuestas.
Puedes picarme el dedo pero
tus vestidos de paja, estilo samurái,

y tu malla nibelunga
afirman fantasías de miedo y hambre.

Date prisa. Súmate a la orgía
aquí entre las hojas, bajo la llovizna,
bajo una toga endeleble de alas oscuras.

LIBÉLULA

Justo antes de que caiga la noche en el río
la libélula, con gritos inaudibles,
reaparece liviana, suspendida como un helicóptero
con su piel de serpiente,
con su elegancia de color oscuro, delicada como una pestaña
con sus joyas niqueladas, con amor-delirio,
con los velos todavía vibrando…
                                        De pronto, el ágil
golpe de víbora de esta asesina,
en mitad del amor…
                              en su ceremonial:
trampa de insectos, amor y muerte,
venida de la cripta del sol.
                              Todo queda perdonado.
¡Qué gran metamorfosis de amor!
¡Dragón de esmaltes agrietados!
¡Tragediógrafa de la luz!
tan metálica y frágil!

caminando a la perdición con su vuelo magnético!

UNA AVISPA

La superficie del agua es tensa
para una avispa,
es un sendero múltiple fluyendo siempre
como el tacto del tiempo
sobre la hondura quieta
de un corto espacio.

Corto es el tiempo
en que flota; corta
la distancia en que gira
por incesantes laberintos,
remolinos inciertos, llamas,
y transparencia
inextricable.

MARIPOSA

En la caja de insectos
mi cadáver puesto en su lugar
alineado con otros como yo,
atravesado con un alfiler:
tranquilo, como una banda de duelo.

Sin embargo, el museólogo demacrado
inclinó la cabeza y meditó.
De vez en cuando mis alas
tiemblan un poco.

¡Ah!, éste aún no está del todo muerto.
¿O fue el viento?

Sé que ya no estoy vivo,
Solo soy un cadáver de insecto.

Afuera las plantas estallan en flor,
La noche es clara:
Tan brillante que nos hizo llorar.

EN EL ESTANQUE

Serenos se deslizan los peces de plata,
de labios severos y pálidos, de ojos
maravillados a través de las profundidades
envejecidas del río.
Se deslizan con un movimiento pálido.
No hay camino por donde van.
Fluyen como el agua de aquí para allá.
Miran con ojos que nunca parpadean.
Miran con mirada fija y sorprendente,
La gente como en el aire
vagan también de un lado a otro.
Y no sé por qué ni adónde van.
Sin embargo, tienen maravilla en sus ojos,
A veces una sorpresa pálida y fría.

MANJUARÍES

Manjuaríes, diez centímetros de largo, perfectos

en todas sus partes, pardos en las feraces aguas.

Asesinos desde el huevo. Su sonrisa es vieja y maligna.

Salen a la superficie y bailan entre guajacones.

O viajan, aturdidos por su propia grandeza,

sobre un lecho de esmeralda, siluetas

de horror y exquisitez subacuática.

En su translúcido mundo

miden cientos de metros.

En las ciénagas, bajo los jacintos de agua azotados por el calor,

bajo sus sombras inmóviles,

han sido vistos sobre las hojas negras de antaño,

mirando hacia arriba.

o flotando en una cueva ambarina de algas.

Los colmillos acuchillados de sus mandíbulas.

La vida entera depende de ellos.

Las agallas trabajan en silencio y los pectorales también.

Una vez yo exploraba un estanque,

cuyos nenúfares y guajacones temerosos

eran más viejos que Cuba.

De pronto había dos. Luego uno solo,

con el vientre abultado y la misma sonrisa que tenían al nacer.

ANGUILA

I

Lo más raro es su cabeza. Ese yelmo que cubre el
    cerebro,
madurada de forma extraña, como carlinga
hinchada.
Ese fruto de la evolución, abultado y brillante como
    una ciruela.
Lo más raro es esa piel que parece una huella dactilar,
    ese tejido gomoso
que la mantiene aislada. Todo el cuerpo
tiene ondulaciones identificativas. Aquí está,
hace flotar los sargazos
con su deseo secreto. Su vida es una celda
aislada del mundo. Su paciencia
es universal y la favorece el amor
de las estrellas inclinadas, como si ella
fuera la única inicial del planeta azul. A solas
con sus millones de años, es la peregrina de la luna,
la monja del agua.

II

¿De dónde viene el río?

¿Y la anguila, mente nocturna del agua,
río dentro del río y al otro lado del río,
nervio nocturno del agua:
de dónde viene?

No del lodo memorioso del planeta
ni tampoco del capricho del aire,
ni del sol desbordante ¿Pues de dónde?

Del fondo del lago de la nada,
sargazo de Dios,
nacido de la espiral vacía de las estrellas,

criatura,
ser resplandeciente.

EL PEZ DORADO

Perezosamente a través del claro
superficial y profundo,
él rema su camino sin cartas,
medio dormido,
la pequeña paradoja, tan brillante, tan fría,
aunque su cuerpo parece hecho de fuego y oro.

Alto emperador de su diminuta
burbuja
piloto en profundidad del agua –
como una antorcha viva, un tizón de oro
ardiente,
prende fuego a la ola y todavía tiene frío.

MONÓLOGO DEL HALCÓN

Me poso en lo alto del bosque con los ojos cerrados.
Inacción. No hay fantasías engañosas
entre mi cabeza ganchuda y mis garras.
O bien, ensayo muertes perfectas y como.

¡Qué prácticos son los árboles altos!
La levedad del aire y el rayo de sol
son ventajas para mí.
Y la Tierra me muestra su rostro para que yo lo
inspeccione.

Mis garras se aferran sobre la áspera corteza.
Hizo falta toda la Evolución
para producir mis zarpas y cada una de mis plumas:
ahora capturo la Evolución con mis garras.

O me elevo y lo hago girar todo despacio.
Mato donde quiero porque todo es mío.
No hay sofisma en mi cuerpo:
mis modales consisten en arrancar cabezas,
son el subsidio de la muerte.
Porque la única ruta de mi vuelo pasa directamente
a través de los huesos de los vivos.
No hay argumentos que legitimen mi derecho:
el sol va detrás de mí.
Nada ha cambiado desde que empecé.

Mi ojo no ha permitido ningún cambio.

Y voy a hacer que todo siga así.

PAVO REAL

Entonces suenan maracas, guitarras, tambores
y él agita su capa de rey carnavalesco,
su capa con azules soles desesperados,
con difuminadas pupilas abiertas.

Algunos creen que es el truco de un mago,
un abanico de vitrina que cobró vida
y él, de puro pavo no más, se aferra a su falso reinado.

FUNERAL DE *Ara tricolor*

Un ave colorida camina por las ramas del universo,
Como si estuviera disfrutando
en su eternidad

En las perchas detrás del, los pájaros brillantes
se balancean y parpadean.
Para acicalar cada jagüey
Pluma errática.

Torpemente este pájaro camina sobre su destino.
arrastra la torpeza humana
prefiere estar de pie.

Reprendiendo los sonidos cariñosos con un
grito ronco y entrecortado,
Busco una causa
Las profundidades inertes de su ojo.

Nada más que luz reflejada: ninguna señal de
dolor o miedo.
Una garra amarilla rasga la historia
Agarra la rama que se quiebra.

Pero como si tuviera el peso de una lágrima,
su párpado cae, abatido.
Desesperadamente una pluma

Polvo en el viento.

Sin palabras no puedo hacer nada de lo que él
quiere que haga.
Inútil, acaricio a través de los siglos su garra.
No dispuesto a dejarlo ir.

Grita desesperadamente, desde los confines de la
historia,
como pidiendo libertad.
Desde donde es golpeado oscuramente
En un coche fúnebre emplumado.

Su jeroglífico, mi mente no puede resolver,
ni leer,
Solo un dedo a través de la historia
Puede trabar su cabeza en el hueco del pasado.

Para acariciar el cuerpo de su grave
Incomprensión
Con recuerdo, con recuerdo,
Una y otra vez.

CETRERO Y HALCÓN

Pensé que era tan duro,
Pero gentil en tus manos
No puedo ser lo suficientemente rápido
Para volar por ti y mostrar
que cuando me voy, me voy
A tus órdenes.

Incluso en vuelo por el cielo
Ya no soy libre:
Me endureciste con tu amor.
Estoy ciego a otras aves –
La costumbre de tus palabras
me ha encapuchado.

Como antes, yo vuelo
Floto y giro,
Pero solo quiero sentir
En mi pensamiento posesivo,
De capturador atrapado
Sobre tu muñeca.

Tú, pero yo medio domesticado,
Amaestrarme de esta manera.
A través de tener solo ojos para ti.
temo perder,
Pierdo para vivir, y elijo
Más dócil como presa.

COTORRA

La vieja cotorra verde enferma
Alta en una jaula sucia
Enferma de rabia malévola
Coty llenó su ojo de ira
En la vieja oscuridad
Antenas de la ciudad.

Lejos de su bosque verde
Sobre las carreteras vino
A cielos amarillos, a la lluvia que gotea del techo,
A la noche de su desesperación.
Y las aceras de su calle
Están brillando debajo de la luminaria
Con una belleza que no es para uno
Nacida en un bosque tropical

Tiene ella. Su pecho emplumado
No conoce minuto de descanso.
En lo alto de su percha se posa
Y tose y escupe;
Esperando que llegue la muerte
Ruego al cielo que no tarde mucho.

MARTÍN PESCADOR

El Martín pescador está posado. Está observando.

Ha escapado de la lupa del joyero,
ahora radiografía la caída del río,
esa maraña de tinieblas.

Ahora desaparece, se convierte en vibraciones.
De pronto es un cable eléctrico, se voltea de un golpe,
ataca en medio de un destello azul.

Te ha dejado su aguja enterrada en el cráneo.

Los sauces llorones se arrodillan, se inclinan
con sus reflejos a cuestas,
y buscan piedras sumergidas. El martín pescador
atraviesa el espejo, con el pico lleno de lingotes vivos,

y se aleja. Corta la única línea recta
del río ruinoso y enmarañado
con un diamante.

Te deja una astilla de arco iris clavada en el ojo.
Gracias a él, Dios zumba bajo el sol
y divisa al pescador.

Gracias a él, Dios

Se casa con un abismo
De lodo con olor a pescado
¡Pero míralo!
¡Ya se ha ido otra vez!
Es un destello, un zafiro refractado
desde fuera del agua,
hace temblar la espina dorsal del río.

JUTÍA

En una caja de zapatos, metida en una
vieja media de nailon
Duerme la jutiíta que encontré en el
bosque,
Donde tembló la huerfanita,
debajo de un tronco seco
hasta que la cogí por la cola y la traje
adentro,
Acunada en mi mano,
Una pequeña montuna, todo el cuerpo de ella
temblando,
Sus absurdos bigotes nos golpean como
un ratón de dibujos animados,
Sus pies como pequeñas hojas,
Pequeños pies de lagarto,
Carmelita y larga cuando trató de
alejarse,
Retorciéndose como un cachorro
minúsculo.
Ahora ha comido sus tres tipos de frutas y
bebido de su abrevadero con tapa de
botella.
Tan cansada está que solo se acuesta en una esquina,
Su cola se enroscó debajo de ella, su barriga
grande
como su cabeza; sus orejas de murciélago

Sacudiéndose, inclinándose hacia el
menor sonido.
Imagino que ya no tiembla
¿Cuándo me acerco a ella?
Parece que ya no tiembla.

HIPOPÓTAMOS

¡Ah!, la risa nerviosa y la manito trémula
Apretándose a la mano de seda de mamá,
Cuando las islas se mueven, de repente, rasgan la
Piel del agua y lentamente se convierten en
Hipopótamos.
¿Escaparán? ¿Me alcanzarán?
Pero mamá no tiembla. Entonces se abalanzan
Los ojitos curiosos sobre la cara de ojazos
Como frutas.

CAMELLO

En sueños veo al camello todavía,
Como una vez en un parque alegre lo vi pararse:
Mil ojos con asombro vulgar escanearon
Sus jorobas y su cuello peludo, y miraban hasta hartarse
A sus piernas flacas y se burlaron con risa estridente.
    Nunca se movió: como si su tierra oriental
    Destellara en sus ojos con tramos de arena caliente,
No arrancó ningún llamamiento mudo de su orgullosa voluntad.
Parpadeó perezosamente ante la chusma;
    Y todavía algún rastro de majestad oriental
Y quedó una gracia tosca: su calor era alto,
    Aunque sus flancos demacrados con una gran sarna estaban desgastados:
No había ningún anhelo en su mirada,
    Pero en sus labios y narices infinito desprecio.

Quizás no parezca bello
este gracioso camello,
pero se puede montar
y en sus jorobas andar.

ELEFANTES

Tonelaje de instintos
Sabiduría de oropel,
Trompas como preguntas
y piernas como troncos de árboles.

En lo profundo de cada cerebro
Un gráfico de trópico
Pantano y crepúsculo
De cortinas en enredaderas

Miradas con reflejos
músculos de la risa
Cuando ven la montaña
ven a Mahoma...

Eficacia de los sentidos,
Obstinación de la oscuridad.

EL TIGRE

Tigre, tigre, que te enciendes en luz
por los bosques de la noche
¿qué mano inmortal, qué ojo
pudo idear tu terrible simetría?

¿En qué profundidades distantes,
en qué cielos ardió el fuego de tus ojos?
¿Con qué alas osó elevarse?
¿Qué mano osó tomar ese fuego?

¿Y qué hombro, y qué arte
pudo tejer la nervadura de tu corazón?
Y al comenzar los latidos de tu corazón,
¿qué mano terrible? ¿Qué terribles pies?

¿Qué martillo? ¿Qué cadena?
¿En qué horno se templó tu cerebro?
¿En qué yunque?
¿Qué tremendas garras osaron
sus mortales terrores dominar?

Cuando las estrellas arrojaron sus lanzas
y bañaron los cielos con sus lágrimas
¿sonrió al ver su obra?
¿Quién hizo al cordero fue quien te hizo?

Tigre, tigre, que te enciendes en luz,
por los bosques de la noche
¿qué mano inmortal, qué ojo
osó idear tu terrible simetría.

DESCUBRIENDO AL LOBO

¿Acaso escucha al ciervo? ¿Está oyendo
el rumor de un bosque que no existe? ¿Lo atormenta
el pánico de los conejos escapando lentamente,
desapareciendo a lo lejos? Ha hecho un largo camino
para no encontrar nada y armarse de paciencia,

Pero la paciencia asfixia en los pliegues
de su gruesa piel. Los cuentos de hadas
se quedan trasnochados a su alrededor
y se convierten en guijarros otra vez. Su mirada
le sigue diciendo que todo es real
y que es un lobo, nada menos
que en medio de La Habana: que
situación absurda y desesperada. ¿Acaso los
        habitantes de la tundra
le susurran, en sus frecuencias de onda, bocanadas
        Fantásticas
de fuga y libertad?

Sus patas,

esas herramientas eléctricas, yacen delante del.
No sabe cómo usarlas. De pronto
se levanta con dramatismo y reajusta
su cuerpo resuelto:
                                    el Guarda
ha venido a cambiarle el agua
y los viajes prodigiosos
quedan tirados otra vez.

El futuro se lo parten, un portazo
que daña su cerebro. Queda callado,
amigable como un perrito,
desilusionado. Todos los preparativos
se avinagran en su piel. Cada bostezo
es una dosis de veneno. Cada travesura
libera un diluvio
de nuevas esperanzas que luego tiene
que consumir en sus sueños. Diez millones de años
quedan rotos entre sus fauces.

EL PUMA DESCANSANDO

¡Ay!, tu resignación me hace sentir de acero fundido,
me hace perder de vista los ejemplos de la libertad
para enseñarle a mi hija que le crezcan alas y sueños.
Pero cuando el rugido quiere ser la llave,
la alfombra voladora que te lleve a la montaña
victoriosa,
también a mí la fuerza me ennoblece,
las ganas me desbordan,
y oigo en mí –al escucharte-
la voz de Dios cantando como un ave.
¿Tendrás en tu corazón sepultada una selva,
Como tengo el mío enterrado en un lejano monte?

TIGRE DE BENGALA

Es como si viera mis ganas de pelearle a la vida
las cosas que me ha quitado.
Como si las viera enjauladas dentro de un sol,
que tiene los barrotes pintados en su piel.

EL OSO

Sus ojos oscos y desgreñados seguían cada uno
de mis movimientos.
Lentamente girando parecían imitar los
movimientos de su cabeza masiva.
Del mismo modo, su cuerpo rodó sin cesar
desde adentro
Como si cada parte poseyera su propio
movimiento
y pudiera pensar
Y moverse solo por sí mismo.
Había avanzado a un paso pesado,
Como un barril de cerveza rodando por una
tabla.
El tremendo volumen de su boca roja como la
sangre.
bostezando
tan casualmente
Pero tan amenazadora.
Y todavía su mirada sostuvo la tuya
Así que tuviste que quedarte admirándolo.
Y luego se volvió
Lejos,

tan lentamente,

atrás

Con el mismo movimiento

atrás

Al alimento esparcido

Y el lomo de su jaula con olor a miel.

LEÓN

Aquí va un océano cautivo,
la lava de un volcán enfriada a vientos,
una batalla que no se ha librado.

Un día la muerte romperá sus rejas
y el sol gemelo, el bravo sol su hermano
se abrirá el pecho en dos para albergarlo.

EL JAGUAR

Los monos bostezan y adornan sus pulgas al sol.
Los loros chillan como si estuvieran en llamas, o
se pavonean
Como tartas baratas para atraer al visitante con
el maní.
Fatigado de indolencia, tigre y león.

Quédate quieto como el sol. La pereza de la anaconda
es un fósil. Jaula tras jaula parecen vacías, o
Apestan a durmientes.
Podría estar pintado en la pared de un cuarto de niños.

Pero, ¿quién corre como el resto más allá de estas llegadas?
En una jaula donde la multitud se detiene, mira, hipnotizada
Como un niño en un sueño, a un jaguar que corre enfurecido
A través de la oscuridad de la prisión después de los
taladros de sus ojos.

En un destello corto y feroz. No aburrido _
El ojo satisfecho de estar ciego en el fuego.
Por el estallido de sangre de su cerebro, sordo el oído _
Gira de los barrotes, pero no hay jaula para él.

Más que un visionario su celda.

Su paso es desiertos de libertad:

El mundo rueda bajo el largo empuje de su talón.

Sobre el suelo de la jaula llegan los horizontes.

LA TIGRESA

La atraparon en los cerros de la India
Y la pusieron en una jaula; y aunque tan joven,
los estibadores se asustaron al
escuchar su rugido
Mientras ella enloquece en guerra contra cada
cerrojo y jaula.

Ahora camina, duerme en su cornisa,
Mira, ruge, excreta, roe trozos de carne,
Pecado y sombra en las rejas de hierro
Dejándose caer entre ella y un compañero
apático.

LEÓN DE SANCTI SPÍRITUS

Buen león, casi ciego por encontrarse con
sus miradas y palomitas de maíz
los niños de los sábados te aman, también
sus padres
Quién pintaría tu melena de lunares a
juego con las de ellos
y te cortarían las garras para hacer colgantes.

Tus pocos rugidos los deleitan. Pero
desearían que aceleraras
            tu ritmo
y que no desaparezcas tan a menudo en tu
cueva artificial
porque allí creen que participas de
secretas alegrías y carreras
a través de la guarida
verde sabana de la memoria
bajo un sol africano
tan dorado como tu melena.

Pero los engañas. Simplemente sufres el

calor y te espantas

las moscas

con tu cola. Nunca viste África

Tu rugido no les dice que naciste aquí,

en cautiverio;

eres tan cubano como ellos.

PO, LA PANTERA

Bañada por la luz de la luna que se
desvanece el arpón de los pastizales
El largo has de yerba marrón se dobla
bajo el rocío.
Supone, sutil y silenciosa: eres de caucho
Ese vagabundeo con ferocidad solemne
salta a la vista;
Buscando su vida como silueta que pasea
Del hombre dormido: Po la pantera
en venta.
Sus formas son el silencio de lo salvaje_
Sus formas son la oscuridad
de la noche.
Cultivadora del terror, de miedo negro la niña
Po, (en su belleza florida, gracia de seda, en
su estampa
Arpón como acero), encogiéndose de miedo.
¡Dioses del desierto, agonía de la sabana!
Inútilmente husmea las rejas que la atrapan
Contra el espectáculo de oscuridad donde
todo es gratis.
Inútilmente, se esfuerza por estirar una
pata delantera a través
Tocar la yerba alta doblando

su marchitez de rocío.

Muda anhela el negro exterior,
(Su luna, que se ha hundido para siempre
ahora),
Y siente la brisa fría de la noche y el sur
Llaves en las cerraduras que fueron su transporte
este día
Y ahora aparece leguas, y leguas
de distancia.

Lejos, muy lejos yace la inquietante
sabana,
Los arroyos de plata que creó entre los
helechos,
Las amplias nubes negras de nuevo en el
cielo.
Los valles de ensueño donde arde la
luciérnaga.
La libertad ha desaparecido por la
puerta de la jaula_
Esa sabana que nunca más será de Po.

¡Dioses de la sabana, Po es gratis!
Los conejos de sus sueños huyen en éxtasis de miedo.
y Po busca ese lugar donde estaría_
Donde el hombre nunca la alcanzaría.

HAMADRYAS

A las nueve de la mañana
Se abre el telón del monstruo,
Los parlantes vociferan y cantan,
Y luego me inclino ante la gente,
Un babuino sagrado

Me pregunto ¿por qué lo hago?
¿Por qué los humanos miran hacia mi jaula?
¿Por qué voy a través de mis trucos gastados?
¿Sobre una viga y un aro?

Se ríen y aplauden,
Nunca parecen cansarse,
Porque soy bastante divertido
Mientras bailo sobre un cable,

No puedo sonreír, como la gente,
No puedo hablar en absoluto;
Hago piruetas locamente
En un tonto carnaval;
Sin embargo, si pudiera reír, me reiría
¡Cuando llegan las cinco de la tarde!

CHIMPANCÉ

El gran simio yacía de espaldas,
Una mano ahuecada bajo su cabeza,
Como un hombre.

Como un trabajador cansado del trabajo,
Un hombre fuerte que quemó su fuerza
En el trabajo de la vida

Solo que, por supuesto, no estaba
cansado del trabajo,
Simplemente aburrido; su terrible
fuerza
Toda quemada por la ociosidad pródiga.

Mil días, y luego mil días más,
La ociosidad lamió la hermosa fuerza de
él.
No tiene necesidad de ganarse la vida.

Todo fue puesto, de forma gratuita
Lo mantuvimos, no por hacer nada,
Pero por ser lo que es.
y así ese domingo por la mañana se

acostó de espaldas,

Como un hombre, como un hombre

agotado,

Una mano ahuecada debajo de su terrible

cabeza dura.

Como un hombre, como un hombre,

Uno de la casa mantenemos, por no hacer

nada,

Pero por ser lo que es.

Mil días, y luego mil días más,

Con todo puesto, gratis,

Se ahueca la cabeza en ociosidad pródiga.

ZOOLÓGICO

Indice

Printed by Books on Demand GmbH, Norderstedt / Germany